教室
aula

除
dividir

186/2

校园
patio de escuela

黑板
mesa

老师
docente

纸
papel

书写
escribir

钢笔
bolígrafo

办公桌
escritorio

直尺
regla

书
libro

学生
alumno

书包

mochila escolar

铅笔盒

caja de lápices

铅笔

lápiz

卷笔刀

sacapuntas

橡皮擦

goma de borrar

画板

bloc de dibujo

图画

dibujo

画笔

pincel

颜料盒

caja de pinturas

剪刀

tijera

胶水

pegamento

练习册

libro de ejercicios

家庭作业

tarea

数字

número

加

sumar

减

restar

乘

multiplicar

计算

calcular

字母

letra

字母表

alfabeto

字

palabra

课文

texto

读

leer

粉笔

tiza

上课

lección

登记

libro de clase

考试

examen

证书

certificado

校服

uniforme escolar

教育

educación

百科全书

enciclopedia

大学

universidad

显微镜

microscopio

地图

mapa

废纸筐

cesto de papeles

酒店
hotel

青年旅社
albergue

外币兑换处
casa de cambio

手提箱
maleta

汽车
auto

语言
idioma

是/否
sí / no

好的
ok

您好
hola

翻译员
intérprete

谢谢
gracias

……多少钱？

¿Cuánto cuesta…?

我不明白

No entiendo

问题

problema

晚上好！

¡Buenas tardes!

早上好！

¡Buenos días!

晚安！

¡Buenas noches!

再见

adiós

方向

dirección

行李

equipaje

包

bolso

双肩包

mochila

客人

invitado

房间

cuarto

睡袋

saco de dormir

帐篷

tienda de campaña

旅游信息

información al turista

海滩

playa

信用卡

tarjeta de crédito

早餐

desayuno

午餐

almuerzo

晚餐

cena

票

pasaje

电梯

ascensor

邮票

sello

边界

límite

海关

aduana

大使馆

embajada

签证

visa

护照

pasaporte

飞机
avión

船
barco

消防车
coche de bomberos

公交车
bus

卡车
camión

汽艇
lancha a motor

汽车
auto

自行车
bicicleta

摆渡船

balsa

小船

lancha

摩托车

motocicleta

警车

auto de policía

赛车

auto de carreras

租车

auto de alquiler

拼车

alquiler de autos

拖车

grúa

垃圾车

vehículo recolector de basura

发动机

motor

汽油

gasolina

加油站

gasolinera

交通标志

señal de tráfico

交通

tránsito

交通堵塞

atasco

停车场

estacionamiento

火车站

estación de tren

轨道

carril

火车

tren

电车

tranvía

货车

vagón

直升机

helicóptero

机场

aeropuerto

塔

torre

乘客

pasajero

集装箱

contenedor

纸板箱

caja de cartón

手推车

carro

篮子

cesta

起飞/降落

despegar / aterrizar

城市

ciudad

村庄

aldea

市中心

centro de la ciudad

房子

casa

电影院
cine

广告
publicidad

路灯
farol

街道
calle

出租车
taxi

小吃店
kiosco

行人
peatón

人行道
acera

十字路口
cruce

斑马线
paso de cebra

垃圾箱
cubo de la basura

红绿灯
semáforo

小屋
cabaña

公寓
apartamento

火车站
estación de tren

市政厅
ayuntamiento

博物馆
museo

学校
escuela

大学

universidad

银行

banco

医院

hospital

酒店

hotel

药房

farmacia

办公室

oficina

书店

librería

商店

negocio

花店

florería

超市

supermercado

市场

mercado

百货商店

grandes almacenes

鱼店

pescadería

购物中心

centro comercial

海港

puerto

公园

parque

长凳

banco

桥

puente

楼梯

escalera

地铁

metro

隧道

túnel

公交车站

parada de autobuses

酒吧

bar

餐馆

restaurante

邮筒

buzón de correo

路标

letrero

停车计时器

parquímetro

动物园

zoológico

游泳馆

piscina

清真寺

mezquita

农场
granja

污染
polución

墓地
cementerio

教堂
iglesia

操场
parque infantil

寺庙
templo

地形
paisaje

树叶
hoja

指示牌
indicador de camino

路
sendero

草地
pradera

石头
piedra

树
árbol

徒步旅行者
caminante

河
río

草
pasto

花
flor

峡谷
valle

山
montaña

湖
lago

森林
bosque

沙漠
desierto

火山
volcán

城堡
castillo

彩虹
arco iris

蘑菇
seta

棕榈树
palmera

蚊子
mosquito

苍蝇
mosca

蚂蚁
hormiga

蜜蜂
abeja

蜘蛛
araña

甲虫
escarabajo

青蛙
rana

松鼠
ardilla

刺猬
erizo

野兔
liebre

猫头鹰
lechuza

鸟
pájaro

天鹅
cisne

野猪
jabalí

鹿
ciervo

麋鹿
alce

水坝
embalse

风力发电机
aerogenerador

太阳能电池板
módulo solar

气候
clima

服务员
▶ camarero

菜单
▶ carta del menú

椅子
silla

汤
sopa

披萨饼
pizza

▶ 桌布
mantel

餐具
cubiertos

前菜

entrada

主菜

plato principal

甜点

postre

饮料

bebida

食物

comida

瓶子

botella

快餐

comida rápida

街边小吃

comida callejera

茶壶

tetera

糖盒

azucarera

一份饭菜

porción

意式咖啡机

máquina de espresso

高脚椅

silla alta

账单

factura

托盘

bandeja

刀

cuchillo

餐叉

tenedor

勺子

cuchara

茶匙

cuchara de té

餐巾

servilleta

玻璃杯

vaso

碟子
plato

汤盘
plato de sopa

碟子
platillo

酱
salsa

盐瓶
salero

胡椒磨
molinillo para pimienta

醋
vinagre

食用油
aceite

调味料
especias

番茄酱
ketchup

芥末
mostaza

蛋黄酱
mayonesa

特价
oferta

顾客
cliente

乳制品
productos lácteos

水果
fruta

购物车
carrito de compras

肉铺

carnicería

面包房

panadería

称重

pesar

蔬菜

verdura

肉

carne

冷冻食品

alimentos congelados

冷盘
fiambre

罐头食品
conservas

洗衣粉
detergente en polvo

甜食
dulces

日用品
artículos domésticos

清洁用品
productos de limpieza

销售员
vendedora

收银机
caja

收银员
cajero

购物清单
lista de compras

开放时间
horario de atención

钱包
cartera

信用卡
tarjeta de crédito

袋子
maleta

塑料袋
bolsa plástica

水

agua

果汁

jugo

牛奶

leche

可乐

refresco de cola

红酒

vino

啤酒

cerveza

酒

alcohol

可可

cacao

茶

té

咖啡

café

意式浓缩咖啡

espresso

卡布奇诺

cappuccino

香蕉

banana

苹果

manzana

橙子

naranja

西瓜

sandía

柠檬

limón

胡萝卜

zanahoria

大蒜

ajo

竹子

bambú

洋葱

cebolla

蘑菇

seta

坚果

nueces

面条

fideos

意大利面条

espagueti

米饭

arroz

沙拉

ensalada

薯条

patatas fritas

炸土豆

patatas salteadas

披萨饼

pizza

汉堡包

hamburguesa

三明治

sándwich

炸猪排

escalope

火腿

jamón

萨拉米

salame

香肠

embutido

鸡肉

pollo

烤肉

asado

鱼

pescado

食物 - comida

燕麦片
copos de avena

穆兹利
musli

玉米片
copos de maíz tostado

面粉
harina

羊角面包
croissant

面包卷
panecillo

面包
pan

烤面包
tostada

饼干
galletas

黄油
mantequilla

凝乳
cuajada

蛋糕
pastel

蛋
huevo

煎蛋
huevo frito

奶酪
queso

冰激凌

helado

糖

azúcar

蜂蜜

miel

果酱

mermelada

巧克力酱

praliné

咖喱饭

curry

农舍
casa de labranza

稻草捆
paca de paja

粮仓
pajar

田野
campo

马
caballo

拖车
remolque

马驹
potro

拖拉机
tractor

驴
asno

羔羊
cordero

羊
oveja

山羊

cabra

奶牛

vaca

牛犊

ternero

猪

cerdo

小猪

lechón

公牛

toro

鹅

ganso

鸭

pato

小鸡

polluelo

母鸡

pollo

公鸡

gailo

鼠

rata

猫

gato

老鼠

ratón

牛

buey

狗

perro

狗屋

caseta del perro

花园浇水软管

manguera de riego

洒水壶

regadera

长柄大镰刀

guadaña

犁

arado

镰刀

hoz

锄头

azada

长柄草耙

bieldo

斧头

hacha

独轮手推车

carretilla

饲料槽

abrevadero

牛奶罐

lechera

麻布袋

saco

栅栏

cerca

马厩

establo

温室

invernadero

土壤

suelo

种子

semilla

肥料

fertilizante

联合收割机

cosechadora

收割

cosechar

收割

cosecha

山药

raíz de ñame

小麦

trigo

大豆

soja

土豆

patata

玉米

maíz

油菜籽

colza

果树

Árbol frutal

树薯

mandioca

谷物

cereales

烟囱
chimenea

屋顶
techo

落水管
canalón

窗户
ventana

车库
garaje

门铃
timbre

门
puerta

垃圾桶
cubo de la basura

信箱
buzón de correo

花园
jardín

客厅
cuarto de estar

浴室
cuarto de baño

厨房
cocina

卧室
dormitorio

儿童房
cuarto de los niños

餐厅
comedor

地板

piso

墙壁

pared

吊顶

cielorraso

地窖

sótano

桑拿

sauna

阳台

balcón

露台

terraza

游泳池

piscina

割草机

cortacésped

被单

funda nórdica

床罩

edredón

床

cama

扫帚

escoba

水桶

cubo

开关

interruptor

壁纸
papel para empapelar

照片
imagen

台灯
lámpara

搁架
estante

橱柜
gabinete

电视机
televisor

壁炉
hogar

花
flor

垫子
cojín

沙发
sofá

花瓶
florero

遥控器
control remoto

地毯

alfombra

窗帘

cortina

餐桌

mesa

椅子

silla

摇椅

mecedora

扶手椅

sillón

书
libro

毯子
frazada

装饰品
decoración

木柴
leña

电影
film

高保真音响
equipo estereofónico

钥匙
llave

报纸
periódico

油画
cuadro

海报
póster

收音机
radio

笔记本
bloc de notas

吸尘器
aspiradora

仙人掌
cactus

蜡烛
vela

冰箱
▶ nevera

微波炉
horno microondas

厨房秤
▶ balanza de cocina

烤面包机
tostador

洗洁精
detergente

烤箱
▶ horno

冰柜
▶ congelador

垃圾桶
cubo de la basura

洗碗机
lavaplatos

炊具
cocina

锅
olla

铸铁锅
olla de fundición de hierro

炒锅
wok / kadai

平底锅
sartén

水壶
hervidor de agua

蒸锅

olla de vapor

烤盘

bandeja de horno

陶瓷锅

vajilla

马克杯

vaso

碗

bol

筷子

palillos para comer

长柄勺

cucharón de sopa

铲子

espátula

搅拌器

batidor

滤网

colador

筛子

cedazo

磨碎机

rallador

研钵

mortero

烧烤

parrillada

明火

fogata

菜板

tabla de picar

擀面杖

rodillo

开瓶器

sacacorchos

罐子

lata

开罐器

abrelatas

隔热手套

agarrador

水槽

fregadero

刷子

cepillo

海绵

esponja

搅拌机

batidora

冷藏箱

arcón congelador

奶瓶

biberón

水龙头

grifo

浴室
cuarto de baño

供暖设备
calefacción

淋浴
ducha

毛巾
toalla

浴帘
cortina para ducha

泡沫浴
baño de espuma

浴缸
bañera

玻璃杯
vaso

洗衣机
lavadora

瓷砖
baldosa

水龙头
grifo

便壶
orinal

水槽
fregadero

厕所

cuarto de baño

蹲便器

placa turca

坐浴器

bidé

小便池

urinario

厕纸

papel higiénico

马桶刷

escobilla para el cuarto de baño

牙刷
cepillo de dientes

牙膏
pasta dentífrica

牙线
seda dental

洗
lavar

手持式喷淋头
ducha teléfono

冲洗器
ducha higiénica

洗脸盆
cuenco

擦背刷
cepillo para la espalda

肥皂
jabón

沐浴露
gel de ducha

洗发水
champú

法兰绒
manopla para baño

排水
desagüe

乳霜
crema

除臭剂
desodorante

镜子

espejo

手镜

espejo de maquillaje

剃须刀

máquina de afeitar

剃须泡沫

espuma de afeitar

须后水

loción para después del afeitado

梳子

peine

刷子

cepillo

吹风机

secador para cabello

喷发定型剂

laca de peinado

化妆品

maquillaje

唇膏

lápiz labial

指甲油

laca para uñas

化妆棉

algodón

指甲剪

tijera para uñas

香水

perfume

洗漱包

neceser

凳子

taburete

计重秤

balanza

浴袍

bata de baño

橡胶手套

guantes de goma

卫生棉条

tampón

卫生巾

compresa

化学厕所

wáter químico

儿童房
cuarto de los niños

闹钟
despertador

毛绒玩具
animal de peluche

玩具车
auto de juguete

拨浪鼓
sonajero

玩具屋
casa de muñecas

礼物
obsequio

气球

globo

床

cama

（洋娃娃用）婴儿车

cochecito para niños

扑克牌

juego de barajas

拼图

rompecabezas

漫画

cómic

乐高积木

piezas de Lego

积木玩具

bloques para jugar

玩具人

figura de acción

婴儿服

pijama de una pieza

飞盘

frisbee

床铃玩具

móvil

棋盘游戏

juego de mesa

骰子

dado

火车模型

tren eléctrico a escala

安抚奶嘴

chupete

聚会

fiesta

绘本

libro de dibujos

球

pelota

洋娃娃

títere

玩

jugar

沙坑

arenero

秋千

columpio

玩具

juguetes

游戏机

consola de videojuego

三轮车

triciclo

泰迪熊

osito de peluche

衣柜

guardarropa

衣服

vestimenta

袜子

calcetines

长袜

medias

紧身裤

panti

围巾
chal

雨伞
paraguas

T恤
camiseta

皮带
cinturón

靴子
botas

拖鞋
zapatilla

运动鞋
deportivas

凉鞋	鞋	雨靴
sandalias	zapatos	botas de goma

内裤	胸罩	背心
ropa interior	corpiño	camiseta

身体

body

裤子

pantalón

牛仔裤

jeans

短裙

falda

女式衬衫

blusa

衬衫

camisa

套头衫

pullover

卫衣

sweater

西装夹克

blazer

夹克

chaqueta

外套

abrigo

雨衣

impermeable

套装

traje chaqueta

连衣裙

vestido

婚纱

vestido de bodas

西装

traje

睡袍

camisón

睡衣

pijama

莎丽

sari

头巾

pañuelo de cabeza

包头巾

turbante

波卡

burka

卡夫坦

caftán

(阿拉伯式)长袍长袍

abaya

泳衣

traje de baño

男式泳裤

bañador

短裤

shorts

运动服

chándal

围裙

delantal

手套

guante

纽扣
botón

眼镜
gafa

手链
brazalete

项链
cadena

戒指
anilio

耳环
aro

便帽
gorra

衣架
percha

帽子
sombrero

领带
corbata

拉链
cierre a cremallera

头盔
casco

背带
tiradores

校服
uniforme escolar

制服
uniforme

围兜

babero

安抚奶嘴

chupete

尿不湿

pañal

服务器
servidor

文件柜
archivador

打印机
impresora

显示屏
monitor

纸
papel

办公桌
escritorio

鼠标
ratón

文件夹
carpeta

键盘
teclado

废纸筐
cesto de papeles

电脑
ordenador

椅子
silla

咖啡杯

taza de café

计算器

calculadora

因特网

internet

笔记本电脑
laptop

信件
carta

消息
mensaje

手机
teléfono móvil

网络
red

复印机
fotocopiadora

软件
software

电话
teléfono

插座
tomacorriente

传真机
máquina de fax

表格
formulario

文件
documento

买

comprar

付钱

pagar

交易

comerciar

现金

dinero

美元

dólar

欧元

euro

日元

yen

卢布

rublo

瑞士法郎

franco

人民币

renminbi

卢比

rupia

提款处

cajero automático

外币兑换处

casa de cambio

金

oro

银

plata

石油

petróleo

能源

energía

价格

precio

合同

contrato

税金

impuesto

股票

acción

工作

trabajar

职员

empleado

老板

empleador

工厂

fábrica

商店

negocio

警官
policía

消防员
bombero

厨师
cocinero

医生
médico

飞行员
piloto

园丁

jardinero

木匠

carpintero

裁缝

costurera

法官

juez

化学家

químico

演员

actor

公交车司机

conductor de autobús

出租车司机

taxista

渔夫

pescador

清洁女工

mujer de la limpieza

屋顶工

techista

服务员

camarero

猎人

cazador

画家

pintor

面包师

panadero

电工

electricista

建筑工人

albañil

工程师

ingeniero

屠夫

carnicero

水管工

fontanero

邮递员

cartero

士兵

soldado

建筑师

arquitecto

收银员

cajero

花农

florista

理发师

peluquero

售票员

cobrador

机械师

mecánico

船长

capitán

牙医

odontólogo

科学家

científico

拉比

rabino

伊玛目

imam

和尚

monje

牧师

párroco

铁锤
martillo

钳子
tenazas

螺丝刀
destornillador

扳手
llave de tuercas

手电筒
lámpara de mes

挖掘机

excavadora

工具箱

caja de herramientas

梯子

escalerilla

锯子

serrucho

钉子

clavos

钻机

taladro

修
reparar

铲子
pala

靠！
¡Maldición!

簸箕
recogedor

油漆桶
lata de pintura

螺丝
tornillos

乐器
instrumentos musicales

打击乐器
batería

扬声器
altavoz

吉他
guitarra

低音提琴
contrabajo

小号
trompeta

钢琴

piano

小提琴

violín

贝斯

bajo

定音鼓

timbales

鼓

tambor

电子琴

teclado

萨克斯管

saxofón

长笛

flauta

麦克风

micrófono

老虎
tigre

入口
entrada

笼子
jaula

斑马
cebra

动物饲料
comida para animales

熊猫
panda

动物
animales

大象
elefante

袋鼠
canguro

犀牛
rinoceronte

大猩猩
gorila

熊
oso

骆驼

camello

鸵鸟

avestruz

狮子

león

猴子

mono

火烈鸟

flamengo

鹦鹉

papagayo

北极熊

oso polar

企鹅

pingüino

鲨鱼

tiburón

孔雀

pavo real

蛇

serpiente

鳄鱼

cocodrilo

动物园管理员

cuidador del zoológico

海豹

foca

美洲豹

jaguar

矮种马
....
pony

豹
....
leopardo

河马
....
hipopótamo

长颈鹿
....
jirafa

老鹰
....
águila

野猪
....
jabalí

鱼
....
pescado

龟
....
tortuga

海象
....
morsa

狐狸
....
zorro

羚羊
....
gacela

动物园 - zoológico

橄榄球
fútbol americano

骑自行车
ciclismo

网球
tenis

篮球
baloncesto

游泳
natación

拳击
boxeo

冰球
hockey sobre hielo

英式足球
fútbol

羽毛球
badminton

田径
atletismo

手球
balonmano

滑雪
esquí

马球
polo

跳
saltar

拥抱
abrazar

笑
reír

走路
caminar

唱
cantar

祈祷
rezar

亲吻
besar

做梦
soñar

书写
escribir

画
dibujar

展示
mostrar

推
presionar

给
dar

拿
tomar

有
tener

做
hacer

当
ser

站
estar de pie

跑
correr

拉
tirar

扔
arrojar

摔倒
caer

躺
estar acostado

等待
esperar

携带
llevar

坐
estar sentado

穿衣
vestirse

睡觉
dormir

醒来
despertar

看
mirar

哭
llorar

抚摸
acariciar

梳头
peinarse

交谈
conversar

明白
entender

问
preguntar

听
oír

喝
beber

吃
comer

清理
asear

爱
amar

做饭
cocinar

开车
conducir

飞
volar

航行

navegar

计算

calcular

读

leer

学习

aprender

工作

trabajar

结婚

casarse

缝

coser

刷牙

limpiarse los dientes

杀

matar

抽烟

fumar

寄

enviar

祖母
abuela

祖父
abuelo

父亲
padre

母亲
madre

婴童
bebé

女儿
hija

儿子
hijo

客人

invitado

阿姨

tía

叔叔

tío

兄弟

hermano

姐妹

hermana

前额
frente

眼睛
ojo

肩膀
hombro

手指
dedo

脸
cara

下巴
barbilla

手
mano

乳房
pecho

腿
pierna

手臂
brazo

婴童

bebé

男人

hombre

女人

mujer

女孩

muchacha

男孩

joven

头

cabeza

背部

espalda

肚子

vientre

肚脐

ombligo

脚趾

dedo del pie

脚后跟

talón

骨头

hueso

臀部

cadera

膝盖

rodilla

手肘

codo

鼻子

nariz

屁股

trasero

皮肤

piel

脸颊

mejilla

耳朵

oreja

嘴唇

labio

嘴

boca

牙齿

diente

舌头

lengua

脑

cerebro

心脏

corazón

肌肉

músculo

肺

pulmón

肝脏

hígado

胃

estómago

肾脏

riñones

性交

relación sexual

避孕套

condón

卵子

Óvulo

精子

esperma

怀孕

embarazo

月经

menstruación

阴道

vagina

阴茎

pene

眉毛

ceja

头发

cabello

脖子

cuello

医院
hospital

救护车
ambulancia

轮椅
silla de ruedas

骨折
fractura

医生

médico

急诊室

admisión de urgencia

护士

enfermera

紧急情况

emergencia

昏迷

inconsciente

痛

dolor

受伤

lesión

出血

hemorragia

心脏病发作

infarto de miocardio

中风

apoplejía cerebral

过敏

alergia

咳嗽

tos

发烧

fiebre

流感

gripe

腹泻

diarrea

头痛

dolor de cabeza

癌症

cáncer

糖尿病

diabetes

外科医生

cirujano

手术刀

escalpelo

手术

operación

医院 - hospital

CT
TC

X光
rayos X

超声波
ultrasonido

口罩
máscara

疾病
enfermedad

候诊室
sala de espera

拐杖
muleta

石膏
emplasto

绷带
vendaje

注射
inyección

听诊器
estetoscopio

担架
camilla

体温计
termómetro

出生
nacimiento

超重
sobrepeso

助听器

audífono

消毒液

desinfectante

感染

infección

病毒

virus

艾滋病

VIH / SIDA

药物

medicina

接种疫苗

vacunación

药片

comprimido

药丸

píldora anticonceptiva

急救电话

llamada de emergencia

血压计

medidor de presión arterial

生病/健康

enfermo / saludable

救命！

¡Ayuda!

警报

alarma

突击

asalto

攻击

ataque

危险

peligro

紧急出口

salida de emergencia

着火啦！

¡Fuego!

灭火器

extintor

意外

accidente

急救箱

kit de primeros auxilios

呼救信号

SOS

警察

Policía

欧洲

Europa

北美洲

América del Norte

南美洲

América del Sur

非洲

África

亚洲

Asia

澳洲

Australia

大西洋

Atlántico

太平洋

Pacífico

印度洋

Océano Índico

南冰洋

Océano Antártico

北冰洋

Océano Ártico

北极

Polo Norte

南极

Polo Sur

南极洲

Antártida

地球

Tierra

陆地

país

海

mar

岛

isla

国家

nación

国家

Estado

钟面
cuadrante

时针
horario

分针
minutero

秒针
segundero

现在几点？
¿Qué hora es?

天
día

时间
tiempo

现在
ahora

电子表
reloj digital

分
minuto

时
hora

周

semana

周一 lunes	MO
周二 martes	TU
周三 miércoles	W
周四 jueves	TH
周五 viernes	FR
周六 sábado	SA
周日 domingo	SO

昨天
....
ayer

今天
....
hoy

明天
....
mañana

早晨
....
mañana

中午
....
mediodía

晚上
....
tarde

工作日
....
jornada de trabajo

周末
....
fin de semana

雨
lluvia

彩虹
arco iris

风
viento

雪
nieve

春
primavera

夏
verano

秋
otoño

冬
invierno

4.APRIL	11°	
5.APRIL	4°	
6.APRIL	13°	
7.APRIL	8°	
8.APRIL	10°	

天气预报
ronóstico meteorológico

温度计
termómetro

阳光
luz solar

云
nube

雾
niebla

潮湿
humedad ambiente

闪电

relámpago

打雷

trueno

风暴

tormenta

冰雹

granizo

季风

monzón

洪水

inundación

冰

hielo

一月

enero

二月

febrero

三月

marzo

四月

abril

五月

mayo

六月

junio

七月

julio

八月

agosto

九月

septiembre

十月

octubre

十一月

noviembre

十二月

diciembre

形状

formas

圆形

círculo

正方形

cuadrado

长方形

rectángulo

三角形

triángulo

球体

esfera

立方体

cubo

白

blanco

黄

amarillo

橙

anaranjado

粉

rosa

红

rojo

紫

lila

蓝

azul

绿

verde

棕

marrón

灰

gris

黑

negro

很多/少许

mucho / poco

生气/平静

enojado / calmado

美/丑

bonito / feo

首/尾

comienzo / fin

大/小

grande / pequeño

明/暗

claro / oscuro

兄弟/姐妹

hermano / hermana

干净/肮脏

limpio / sucio

完整/缺失

completo / incompleto

白天/晚上

día / noche

死/生

muerto / vivo

宽/窄

ancho / angosto

可食用/非食用

disfrutable / no disfrutable

邪恶/善良

malo / amigable

兴奋/无聊

excitado / aburrido

胖/瘦

gordo / delgado

第一/最后

primero / último

朋友/敌人

amigo / enemigo

满/空

lleno / vacío

硬/软

duro / suave

重/轻

pesado / liviano

饿/渴

hambre / sed

生病/健康

enfermo / saludable

非法/合法

ilegal / legal

聪明/愚笨

inteligente / tonto

左/右

izquierda / derecha

近/远

cercano / lejano

新/旧

nuevo / usado

没有/有些

nada / algo

老/幼

viejo / joven

开/关

encendido / apagado

打开/合上

abierto / cerrado

安静/吵闹

bajo / fuerte

富/穷

rico / pobre

对/错

correcto / incorrecto

粗糙/光滑

áspero / liso

伤心/高兴

triste / alegre

短/长

breve / extenso

慢/快

lento / veloz

湿/干

mojado / seco

温暖/凉爽

caliente / frío

战争/和平

guerra / paz

0

零

cero

1

一

uno

2

二

dos

3

三

tres

4

四

cuatro

5

五

cinco

6

六

seis

7

七

siete

8

八

ocho

9

九

nueve

10

十

diez

11

十一

once

12
十二
doce

13
十三
trece

14
十四
catorce

15
十五
quince

16
十六
dieciséis

17
十七
diecisiete

18
十八
dieciocho

19
十九
diecinueve

20
二十
veinte

100
百
cien

1.000
千
mil

1.000.000
百万
millón

英语

inglés

美式英语

inglés estadounidense

普通话

chino mandarín

印地语

hindi

西班牙语

español

法语

francés

阿拉伯语

árabe

俄语

ruso

葡萄牙语

portugués

孟加拉语

bengalí

德语

alemán

日语

japonés

我

yo

你

tú

他/她/它

él / ella

我们

nosotros

你们

vosotros

他们

ellos

谁？

¿quién?

什么？

¿qué?

怎样？

¿cómo?

哪里？

¿dónde?

什么时候？

¿cuándo?

名字

nombre

后面

detrás

里面

en

前面

delante de

上方

encima de

上面

sobre

下面

debajo de

旁边

junto a

中间

entre

地点

lugar